AF586409

8° V
25311

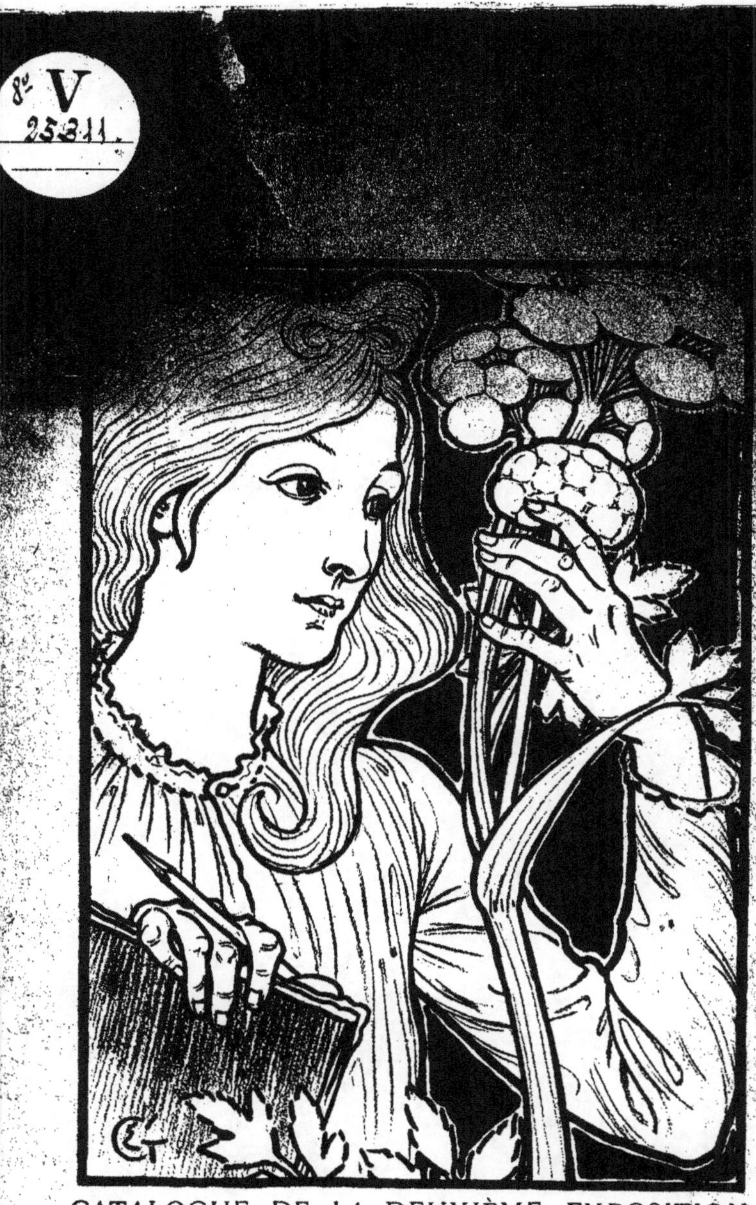

CATALOGUE DE LA DEUXIÈME EXPOSITION DU SALON DES CENT — RÉSERVÉE A UN ENSEMBLE D'ŒUVRES D'EUGÈNE GRASSET.

DÉPOT LÉGAL
Seine
N° 2627
1894

CATALOGUE DE LA DEUXIÈME EXPOSITION DU SALON DES CENT RÉSERVÉE A UN ENSEMBLE D'ŒUVRES D'EUGÈNE GRASSET.

8

L'ŒUVRE D'EUGÈNE GRASSET

Le talent de M. Grasset est fait d'imagination, de savoir et de goût.

Un choix important de ses œuvres est réuni en ce moment : le moindre croquis montrera l'étroite et continuelle alliance de ces qualités.

Des notices élégantes et renseignées ont été déjà consacrées à l'artiste*, mais peut-être ne ferons-nous pas double emploi, et n'aurons-nous pas perdu le temps des lecteurs, si nous réussissons à bien déterminer le sens, l'enchaînement et la portée de l'œuvre.

M. Grasset se présente sous le triple aspect de l'illustrateur, du décorateur, et de l'architecte; on dira plus loin dans quel sens on doit entendre ce mot. Nous verrons aussi qu'un penseur dicte pendant que l'artiste compose. Mais, tandis que dans l'œuvre d'art la conception précède l'exécution, il est plus profitable, dans la critique, de refaire le chemin en sens inverse, et de s'élever de la sensation à la pensée.

*
* *

Si nous prenons d'abord notre artiste en tant qu'illustrateur, c'est qu'il semble que ce soit le domaine où

(*) Notamment par MM. Octave Uzanne, Frantz Jourdain, etc.; ajoutons que la *Plume* prépare un numéro exceptionel consacré à Grasset et qui contiendra des études de MM. Léon Maillard, Camille Lemonnier, Ch. Saunier, etc.

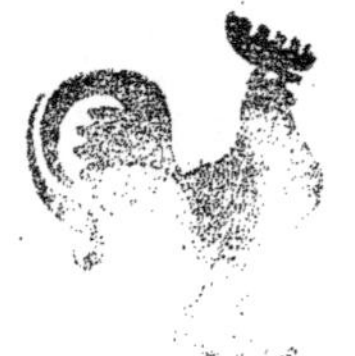

l'imagination et la fantaisie pure se donnent le plus librement carrière. A vrai dire, l'illustration d'un livre, c'est de la décoration au même titre qu'une fresque ou qu'un vitrail. Mais il y a une nuance et cette nuance est charmante. Le peintre qui rehausse d'images ou d'ornementations les œuvres des poètes, des historiens ou des conteurs, fait de la décoration confidentielle.

Le premier caractère des illustrations de M. Grasset est de saisir par leur intensité d'évocation et de rêve. On peut dire que ses personnages se meuvent dans une atmosphère épique. Voici des paysages, s'étendant à perte de vue sous le ciel où chevauchent les nuages, ou encore des forêts luxuriantes et sombres, dont les chênes se tordent puissamment; l'artiste a également observé avec quelle grandeur et quelle logique la nature édifie de majestueux escarpements de montagnes, des citadelles de rochers, et il retrouve dans son imagination des arrangements pareils.

S'il s'agit des constructions et des intérieurs, le peintre a si profondément observé le passé dans sa parenté avec le présent qu'il fera surgir des palais ou des villes entières qui n'existent tels quels nulle part, mais qui seraient terribles ou grandioses à explorer, si, sans y rien changer, on pouvait instantanément cristalliser ces visions. C'est là ce qui dénote le plus haut degré de la faculté d'évoquer, car la logique du rêve doit être aussi forte que la logique de la vie.

Ces villes qui s'étendent en riches et capricieuses nappes de toits, enrichies çà et là du joyau d'une flèche, d'un beffroi, d'un campanile; ces forteresses qui narguent l'attaque et prennent en pitié l'ascension; ces salles massives, ces colonnades riches et lourdes dans lesquelles se passera quelque drame naïf, brutal et héroïque; ces terrains vallonnés propres aux chocs et aux surprises d'armes; vous les reconnaissez : ils constituent le décor des

Quatre fils Aymon, des illustrations d'*Esclarmonde*, de la *Bataille de Granson*, de la légende du *Saint-Pleur*.

Les personnages sont créés comme le milieu. Ils s'y meuvent à leur vraie place, et en harmonie avec le cadre. Leurs mouvements sont aussi justes et aussi saisissants, tout en étant aussi inventés, que les grands mouvements de terrains ou les agencements des architectures. Ils offrent la même variété et la même autorité dans le drame. Il suffit, par exemple, de se rappeler avec quelle force sont évoqués dans cette œuvre, les types de Gérard de Roussillon, d'Ogier le Danois, ou les personnages de piété et de légende que nous verrons plus loin, les grands saints, les saintes touchantes, les divinités du Nord. Saint-Georges, Jeanne d'Arc, Wotan, Brunehilde, ont donné matière à des affiches ou des cartons, mais ils sont si bien conçus si bien posés, que du jour où on le voudrait, d'un seul de ces personnages découlerait une illustration complète.

*
* *

A cette intensité d'évocation, les décors et les personnages joignent une saisissante vraisemblance de vie. C'est le second caractère des compositions de M. Grasset. Le savoir s'y manifeste comme le préparateur, le stimulant et le metteur en œuvre de l'imagination. L'analyse seule nous force à présenter successivememcnt deux opérations qui sont simultanées. En même temps que le peintre voit vivement une image, une scène, le savant lui fournit les matériaux.

Il n'est pas un accessoire, pas un détail de construction, de costume, de physionomie historique ou ethnographique, qui n'ait été établi ou contrôlé au même titre que les grandes lignes de la scène, le groupement des masses, l'allure et la silhouette des personnages. Aussi, comme tout se passe dans des conditions rigoureusement vraies, ces personnages vivent-ils d'une vie propre, aucunement

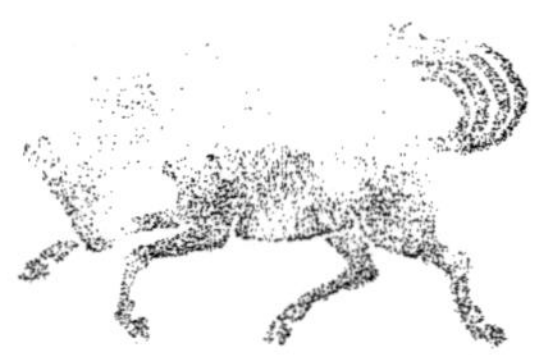

empruntée. Ce ne sont pas plus des déguisés que leurs campagnes ou leurs villes ne sont de fantaisie. Ils sont à la fois inventés et vrais. C'est une poésie irréfutable.

Rien n'est plus puéril et plus inconsistant que le pastiche. Le premier ignorant venu peut faire, pour les ignorants, des pastiches réussis. Seulement, cela craque de tous côtés, lambeaux d'imitations mal cousus, démarquages à la diable d'une estampe ou d'une miniature, dislocations infligées à une statue, chansons de gestes réduites en vaudevilles, dont regorgent les Salons et les livres d'étrennes, pour l'amusement des badauds, et leur instruction à rebours. On peut voir ici toute la distance qui sépare ces faciles mascarades de l'œuvre d'un passionné qui se meut à l'aise dans les époques qu'il a scrupuleusement étudiées, puis longuement méditées. Le meilleur éloge qu'on puisse faire des peintures de M. Grasset, c'est de dire qu'on peut se laisser émouvoir par elles en toute confiance.

Ce savoir exercé et créateur, il l'a appliqué aux époques et aux sujets les plus divers. La femme de 1830, fine, souple et rêveuse, qui nous a tant charmés dans l'affiche de l'*Age du romantisme*, vit d'une vie aussi vraisemblable que le chasseur des temps barbares qui a jeté sur sa cuirasse une peau de bête saignante ; les personnages de *Jean des Figues*, qui sont de notre temps, n'ont pas plus de dignité et de consistance que ces merveilleux prêtres qui célèbrent le culte du feu. Or, vous pourrez passer en revue toutes les vieilles pierres, feuilleter toutes les miniatures orientales, celles du moyen-âge, ou toutes les vignettes romantiques ; vous ne retrouverez nulle part les *originaux* de ces prêtres, de ce chevalier, ou de cette toute gracieuse femme. Tout simplement parce qu'après avoir suffisamment compris comment ces gens se coiffaient et se chaussaient, l'artiste leur a demandé compte de leurs passions.

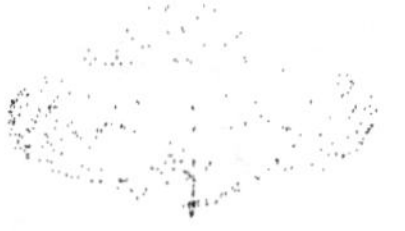

*
* *

Des évocations aussi vives et aussi savantes jureraient, ou ne s'expliqueraient même pas avec une exécution défectueuse et négligée. Nous avons donc posé dès le début que le talent de M. Grasset se distinguait aussi par le goût.

Il a l'instinct autant que l'amour des présentations parfaites, et ce sera encore un trait qui distinguera ses illustrations. Quand vous aurez bien suivi, sur une page de livre, sur une simple couverture de magazine ou de revue, l'affirmation simultanée de ce triple caractère dans cette partie de son œuvre, notre démonstration se trouvera très simplifiée pour tout le reste : de telle sorte que si nous recommencions l'analyse pour une affiche, un vitrail, ou un meuble, vous nous accuseriez de redite.

Si je prends un feuillet des *Quatre fils Aymon*, ou la couverture de la *Grande Dame*, celles des noëls de l'*Illustration,* ou telle autre page qu'il vous plaira, j'y trouve d'abord une fantaisie et un goût d'ornementation étroitement appropriés au sujet. Les bordures de fleurs synthétisées, les motifs conventionnels, les entrelacs et les arabesques, tout cela est d'une grande pureté de style, tout en représentant un inédit d'arrangement ainsi qu'une signification morale et poétique. Comparez le délicat semis de feuilles et de pâquerettes de la *Grande Dame*, par exemple, et telle bordure romane de vigoureux chardons encadrant un épisode des *Quatre fils*.

Mais ceci nous amène à sortir des qualités de seule conception pour aborder les questions de réalisation, d'exécution matérielle. Le savoir et le goût de Grasset ne se sont point limités dans les considérations plastiques de son art, mais ils se sont nourris aussi de toutes les préoccupations techniques. Les impressions ont été l'objet des soins les plus attentifs, on devrait dire aussi les plus joyeux, car c'est une joie pour le véritable artiste de présider lui

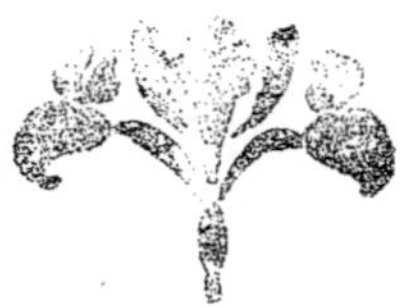

même à la parure de ses filles et non par procuration. L'on verra ici les témoignages de l'ardeur avec laquelle M. Grasset a recherché les combinaisons et les harmonies les plus éclatantes ou les plus graves. Le choix des papiers, des caractères, des encres, a été l'objet de non moins minutieux calculs que l'avait été la composition elle-même. De telles préoccupations sont fécondes, car plus le métier gagne en sûreté, plus la pensée gagne en autorité. Ainsi, M. Grasset peu à peu s'acheminait vers la simplicité tout en conservant la variété et la force, ou même grâce à cette savante simplicité des oppositions, atteignait une variété et une force encore plus grandes.

Enfin, le jour où il lui plaît d'être son propre exécutant, au lieu d'être le surveillant de ses auxiliaires, et où, par exemple, il prend pour un simple essai, le crayon du lithographe, il produit, en toute sûreté, trois estampes dont cette exposition offre les rares épreuves, et qui sont parmi les plus belles lithographies de ce temps.

Ce soin, ce raisonnement et cette sensibilité technique apportés à la réalisation des œuvres qu'il a conçues, font que dans l'œuvre de M. Grasset, un modeste catalogue de maison de nouveautés, devient un objet d'art au même titre que la plus luxueuse publication.

La science de l'effet, la connaissance des matières, se constatent en passant du livre à l'affiche. Abandonnant la décoration intime, nous abordons ce que l'on pourrait appeler la décoration officielle, monumentale. L'affiche en est la forme courante et popularisée. Ici chaque passant est juge, et nous n'avons plus à recommencer notre analyse. Lorsqu'un matin, sur les murs et les palissades apparaissent le cheval piaffant que maintient un Mexicain bleu et argent, le vénérable et rusé marchand de tapis d'Orient discutant avec le voyageur, sorte de guerrier commercial casqué de sureau, la Muse qui cherche l'inspiration dans

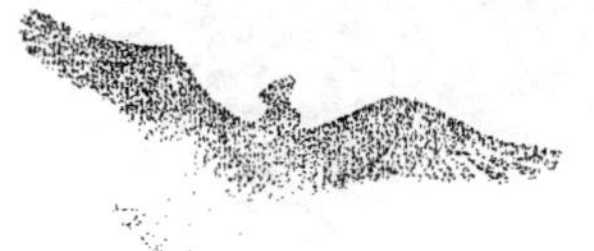

une encre nouvelle, l'identification de Mme Sarah Bernhardt avec la Pucelle d'Orléans, l'exposition est dans la rue, et le concours est cette fois jugé équitablement.

L'ouvrier qui se rend à son atelier, l'artiste qui flâne, se trouvent d'accord sur la sincérité de leur impression : l'image est typique, neuve, bien exécutée. Celui qui l'a faite garde pour lui le secret de tous les calculs et de tous les recommencements qu'a nécessités cette fresque éphémère, pour le public apparition si nette et si spontanée.

Une affiche dure, quoi qu'on dise, plus d'un jour. Elle fleurit parfois plusieurs années, à moins que l'entreprise qu'elle recommandait ne soit elle-même mort-née. Dans ce cas l'affiche trouve un refuge prématuré dans le porte feuille des collectionneurs; mais d'autres prennent sa place dans l'indifférente rue et chassent son souvenir.

*
* *

Une destinée plus durable a été réservée à toute une grande partie de l'œuvre de Grasset. La mosaïque, que les anciens Italiens appelaient la « véritable peinture pour l'éternité », —ce qui n'est point consolant quand il s'agit des mosaïques de l'escalier du Louvre, — le vitrail, la décoration céramique, la lave émaillée, tels ont été les procédés qui transmettront quelques-uns des plus beaux cartons de M. Grasset. Dans toute cette nouvelle série d'œuvres se retrouve l'excellente appropriation du moyen à l'idée, grâce à la connaissance des qualités expressives de chaque matière.

Les motifs de mosaïque sont, comme il convient, larges et simplifiés, de façon à produire, de loin, un grand effet brillant et tranquille. Le décorateur ne tomberait pas dans le travers d'exiger de ce moyen viril un modelé efféminé, et des trucs de peinture de chevalet. C'est un art de majesté, qu'on ne doit point avilir en le pliant à des mignardises : il y met de la mauvaise grâce.

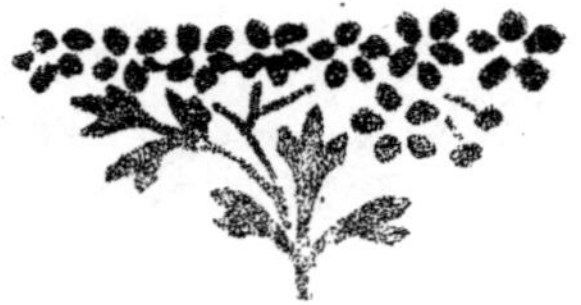

Quant au vitrail, peinture aérienne, M. Grasset en a su tirer les plus riches ressources. Ceux qui n'ont pas senti la beauté esthétique et technique des cartons et maquettes pour le concours de Jeanne d'Arc, ou qui, sentant cette beauté, ont passé outre, sont coupables d'un des plus criants dénis de justice qu'on puisse citer dans l'histoire artistique de ce temps et assument une grave responsabilité vis-à-vis de nos successeurs. On reverra ce travail à la présente exposition; mais il y a bien d'autres choses encore à faire connaître. Cette partie de l'œuvre est peut-être la plus élevée et la plus belle. M. Grasset, sans s'écarter le plus légèrement des nécessités rigoureuses du métier, s'en réjouissant au contraire, et tirant de la mise en plomb elle-même des surprises légitimes, des jeux larges et inédits, s'est, en même temps, grisé de couleur et de lumière. Les compositions les plus nobles et les plus mouvementées, les ornementations les plus riches et les plus ingénieuses, les figures les plus martiales, les plus majestueuses ou les plus touchantes lui ont été inspirées par la religion, la fantaisie ou l'histoire.

Nous appellerons entre autres l'attention sur la maquette, fragments grandeur d'exécution de l'*Arbre de Jessé* de Vic-le-Comte, ensemble incroyablement complexe et ordonné, et détails dessinés avec une maîtrise que l'on s'étonne un peu de trouver encore de ce temps; puis les très belles figures de sainte Monique, saint Joseph, saint François, saint Georges et sainte Madeleine, pour l'église de Saint-Lô; les cartons ornementaux pour Saint-Pierre de Chaillot; bien d'autres encore, dont l'énumération ne doit point ici faire double emploi avec le catalogue.

Enfin, la ravissante aquarelle : *Sola cor meum commovet et aperit musica*, a été exécutée en lave émaillée. La grâce des figures si décentes et si séduisantes de ces musiciennes, la sérénité du paysage, font de cette composition

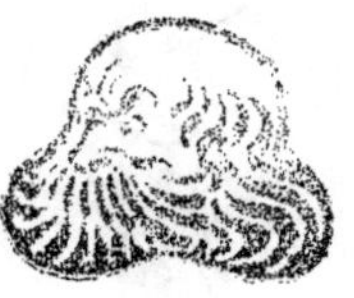

une de celles où se sont le plus nettement affirmés le goût de l'arrangement et la vivacité de l'imagination.

*
* *

Jusqu'ici nous n'avons étudié que des spécimens de décoration d'un même ordre. Mais la décoration, M. Grasset ne la voit pas seulement dans sa surface ou pour prendre un très beau mot courant dans son acception la plus simple, il ne la conçoit pas seulement comme une *image*. Il aperçoit aussi, et combine, les éléments décoratifs dans leur relief. Et voici tout un domaine nouveau qui se livre à lui, et qu'il explore avec non moins de bonheur. Après l'illustrateur et l'afficheur, après l'enlumineur qui, pour pages d'album, prend des baies et des murailles, vous pourrez faire connaissance ici avec l'inventeur d'objets usuels, et l'architecte d'ameublements.

Pour la première fois sont tirés des cartons d'étude, ces croquis excellents, de chandeliers, de chenets, de lanternes, de serrureries ; ces modèles que le forgeron n'aura plus qu'à marteler textuellement, car l'artiste les a dessinés pour le fer ; ces sièges et ces crédences que l'ébéniste trouvera agencés, sans réplique, pour son rabot et sa gouge.

En vérité, en parcourant cette série de croquis d'un si beau jet d'invention, d'un si judicieux raisonnement des matières, d'une si grande verve dans le caprice des modèles, on songe à des calepins inédits de quelque Villard de Honnecourt. Les meubles de la collection Gillot, dont le moindre détail de ferronnerie et de sculpture montre la liberté et la logique réunies, n'ont pu être exposés qu'en photographie ; mais on trouvera un grand nombre d'études pour chaque partie du lit, du buffet de salle à manger, de la cheminée, de la bibliothèque. Dans cette crédence de salle à manger, c'est un fourmillement d'idées spirituelles et vraiment décoratives, de motifs ingénieux,

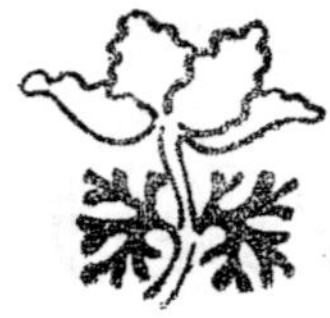

se rapportant directement ou par un plaisant symbole, à la destination. Les étagères, au contraire, les moins ornementées, destinées à recevoir des livres ou des objets d'art, valent par la sécurité des lignes, l'harmonie des proportions et l'élégance des profils.

Un meuble, c'est une maison en diminutif. C'est l'habitation des auxiliaires de notre vie matérielle, ou la résidence à laquelle nous confions les témoins de notre pensée. Tout homme qui a le culte de soi-même, culte que l'on peut et que l'on doit faire très noble et très dégagé d'égoïsme, ne saurait attacher trop de soin à l'emplacement où il campe. Le plus simple, le moins coûteux de ses meubles, peut recéler autant de dignité et d'agrément que le plus luxueux; il doit être parfaitement serviable et logique.

Les meubles et les objets usuels imaginés par Grasset présentent ce double caractère que nous exigeons d'une maison bien conçue : l'équilibre de l'ensemble, l'appropriation des différentes parties et le charme du détail. Ils donnent donc à l'esprit pleine satisfaction, en même temps que, pour l'œil et pour la main, le judicieux traitement des matières en fait ce que nous requérons : des objets d'art et d'usage.

*
* *

Ce sont là des leçons importantes qui seront données à ceux qui viendront, sauront voir et profiter. Peu à peu nous sommes transportés d'un simple dessin de livre jusqu'aux problèmes mêmes de la décoration et de la construction d'une maison particulière, d'un palais ou d'un temple. Cette maison, que M. Grasset a pu ainsi décorer jusque dans le plus petit détail, il la pourrait construire dans son ensemble. Le raisonnement pur et l'étude attentive de tout ce que nous venons de voir de

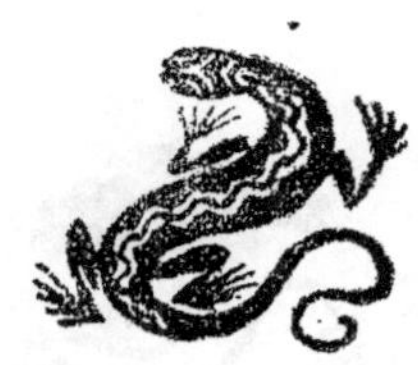

son œuvre suffiraient à le prouver. Il y a cependant d'autres témoins sous formes de plans et de croquis : ces chalets, ces façades de maisons, ces chapelles, ces projets de fontaines monumentales. Mais ce que nous dirions à ce propos serait peut-être inutile, car je crois bien que maintenant un simple mâchicoulis dans une scène des *Quatre fils Aymon* vous révélera l'architecte et prouvera que Grasset serait, comme on disait autrefois, un excellent *maître d'œuvre*.

D'ailleurs, de même que tout art dérive de l'architecture, il est pour ainsi dire inévitable que l'homme qui approfondit la pratique de quelques arts se trouve amené à rencontrer l'architecture au point culminant de ses études. C'est pourquoi nous inclinerions à croire que ces magnifiques dons, qui semblent si rares aujourd'hui, ces dons d'universalité que nous constatons avec stupeur chez les grands artistes d'autrefois, n'étaient que le fruit d'une longue logique et d'une suite ininterrompue d'études menées méthodiquement. Tel a été le cas de M. E. Grasset, et si nous avions la place suffisante pour étudier par périodes le développement de sa carrière, nous ne nous écarterions pas d'une ligne de ce résumé.

Nous devons, ici, noter incidemment un point d'importance. L'homme qui est arrivé à ce degré de savoir est nécessairement un merveilleux professeur. C'est à ses élèves qu'appartiendra d'en apporter le témoignage, et par la parole, et mieux encore par l'exemple intelligemment suivi. Mais nous ne pouvons omettre, pour ceux qui ont bien voulu nous suivre jusqu'ici, que les leçons de M. Grasset, enrichies d'exemples réunis pendant un enseignement déjà long, forment un autre et précieux monument, qu'il est du devoir d'un éditeur ou d'un État de ne point laisser manuscrit.

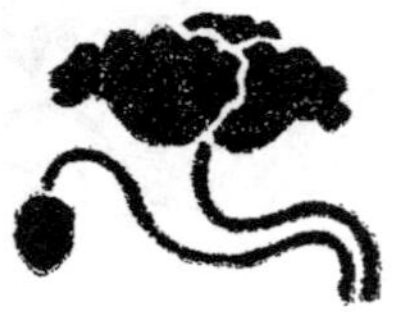

*
* *

Notre analyse de cette œuvre et de ce talent ne serait pas encore complète, si nous la terminions ici. Il ne suffirait pas d'avoir montré productive cette association du goût, de l'imagination et du savoir, de s'être complu dans l'examen de tout ce que la matière heureusement mise en œuvre peut procurer de plaisir à l'esprit. Un progrès constant, d'un bout à l'autre de sa carrière, a été poursuivi par cet artiste, non seulement en étendue, mais encore en profondeur. Il est impossible que l'on s'exerce aussi longuement à œuvrer sans se perfectionner à penser. C'est pour cela que de l'ingénieux et du séduisant, M. Grasset n'a cessé de s'élever jusqu'au simple et au grand, et que, partant, comme tout débutant, du pittoresque, il a de plus en plus visé le style et de plus en plus il a pu atteindre ces nobles visées.

C'est un penseur qui a, d'une part, trouvé l'éloquent symbolisme de ces vitraux, donné à ces visions du livre, de l'affiche, de la verrière, un sens qui va bien au delà du simple amusement de l'image. C'est un poète qui, par un sévère et fécond exercice de méditation, hautement consolant au fond, a pu dégager ces formes et ces harmonies. Issues de l'observation pénétrante de la vie, elles en gardent seulement ce qui la rappelle et l'évoque en supérieur.

Le symbolisme de M. Grasset est net, sain, vigoureux, tout en procédant des plus belles traditions.

C'est un des plus hauts et des plus rares exercices de la pensée humaine, que de rappeler des vertus, de formuler des espoirs, d'exprimer des doctrines, de suggérer des idées, de résumer les aspirations d'une œuvre entière par des motifs, des formes, des représentations ou des simplifications d'être vivants ou d'objets tirés de la nature. Dans ce dialogue entre l'homme et les plantes, les animaux, les

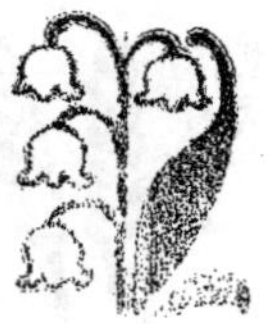

pierres même, qui soudain s'animent d'une vie supérieure, le matériel devient le véhicule de l'immatériel.

Mais, de quelque splendeur que se revête par une belle pensée un simple essai d'image, nous considérons comme une hérésie artistique de ce temps de croire que l'idée seule suffit, qu'elle excuse pour ne pas dire justifie la médiocrité ou le négligé de la plastique. En un mot c'est se méprendre que de confondre le bégaiement de l'enthousiasme avec la réalisation de l'œuvre d'art.

M. Grasset n'est pas tombé dans le trop commode travers de se satisfaire de brillant à-peu-près. Parce que l'idée se présentait forte et significative, il ne s'est pas cru dispensé de la serrer de près en ouvrier, de la parer, de de l'exprimer jusqu'au bout en décorateur.

C'est sur ce terrain du bon métier que le symbolisme et le style se rencontrent fatalement, car dès qu'on a entrevu cette nécessité de rendre la forme digne du sens, on ne trace plus un trait, on n'accuse plus une forme qui n'ait un sens, — et c'est cela le style. On cesse d'être un photographe sans se dispenser d'être un peintre.

L'étude détaillée des vitraux de Jeanne d'Arc et de leurs ajours, corrrespondant si ingénieusement et d'une manière si poétique, si vraiment religieuse, rendraient moins arides ces considérations que nous ne pouvons livrer que d'une façon concise à ceux qui aiment à penser. Que dis-je, cette étude les rendrait attrayantes entre toutes.

Notre tâche n'était point si vaste.

Nous voulions seulement indiquer à grands traits, d'une façon que nous sentons bien imparfaite, comment un peintre, un illustrateur, un décorateur doué de goût et d'imagination et acquérant un savoir étendu, a pu conquérir le public sans lui faire de concessions, et plaire aux passants de la vie sans cesser de se consacrer à ce qu'il y a de plus raffiné et de plus fier dans l'art.

Arsène Alexandre.

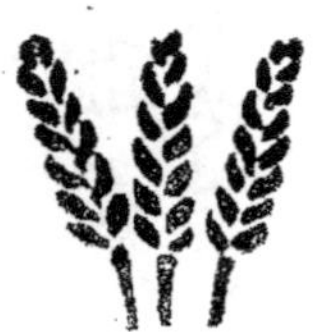

CATALOGUE

AFFICHES

1\. — *Librairie Romantique*, épreuve avant lettre.

2, 3, 4. — Croquis originaux pour la *Librairie Romantique*. aquarelles (app. à M. J. Canqueteau).

5\. — *Cavalier Miserey*, épreuve définitive.

6\. — *Théâtre de l'Odéon*, modèle original (app. à M. de Malherbe).

7, 8. — Esquisses pour le *Théâtre de l'Odéon*, aquar. originales.

9\. — *Jeanne d'Arc* (Mme Sarah Bernhard), modèle original (app. à M. de Malherbe).

10, 11, 12. — Croquis originaux pour l'affiche *Jeanne d'Arc* (app. à M. de Malherbe.

13, 14. — Epreuves définitives de l'affiche *Jeanne dArc* (2 états),

15\. — *Place Clichy*, modèle original (app. à M. de Malherbe).

16\. — *Chemins de fer du sud de la France*, modèle original (app. à M. de Malherbe).

17 — Projet d'affiche pour la *Bière Jacobsen* (app. à M. de Malherbe).

18\. — *Fêtes de Paris*, épreuve définitive.

19\. — *Art décoratif* (Exposition d'), épreuve avant lettre.

20\. — — Original (en noir).

21, 22, 23. — *Walkyrie*, trois états.

24\. — *Exposition de Madrid*, épreuve.

25\. — — esquisse originale.

26\. — *Capitales du monde*, épreuve définitive.

27\. — *Encre Marquet*, modèle original (app. à M. Marquet).

28, 29. — Esquisses aquarellées (le n° 29 app. à M. Huillard).

30\. — *Salon des Cent*, esquisse aquarellée.

31\. — — épreuve avant lettre coloriée.

32. — *Saint Georges* (projet d'affiche), esquisse originale.
33. — *Ange de Noël* — original.
34. — — épreuve en couleurs.
35. — *Projet d'affiche*, original.
35 bis et 35 ter. *Projets d'affiches.* —

ARCHITECTURE

36 à 39. — *Croquis d'une maison de campagne.*
40. — *Concours de fontaine monumentale à ériger à côté d'un Palais de Justice* (La fontaine symbolise le partage des eaux en Suisse, les fleuves et leurs affluents représentés par les animaux et les plantes des différentes régions).

BRODERIE

43. — *Pavots*, original en couleurs.
44, 45. — *Modèles divers.*

ORNEMENTS RELIGIEUX

46, 47. — *Bronzes.*

DÉCORS

48 à 54. — *Projections pour la Chasse d'Esclarmonde* (photog. des aquarelles originales) *à l'Opéra-Comique.*

ÉMAIL

55. — *Les quatre fils Aymon*, modèle original (app. à M. Vever).

ÉTOFFES

EXÉCUTÉES

56. — *Barbe bleue* (morceau d'étoffe, sujet : la Légende de).
57. — *Bordure pour l'étoffe ci-dessus* (les deux app. à M. Arthur Martin).

DESSINS

58 à 63. — *Modèles divers* (ap. à M. Arthur Martin).

FAIENCE

64, 65. — *Projets originaux pour assiettes.*

ILLUSTRATIONS

DE ROMANS, NOUVELLES ET COMPOSITIONS DIVERSES.

66 à 74. — *Jean des Figues* (neuf photographies de peintures pour illustrer).

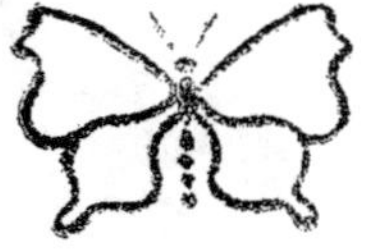

75. 76. — *Le Petit Nab*, épreuves en noir.
76 bis. — — feuilles détachées (app. M. à Baschet).
77 à 80. — — (ép. en couleurs), premier essai de Gillotage en couleurs, planches par Grasset.)

81. — *La Légende de Saint-Nicolas*, ép. en noir.
82 à 94. — *Calendrier du Bon Marché*, 12 mois en couleurs avec couverture, épreuves.

95 à 98. — *Calendrier du Bon Marché*, ép. avant lettre.
99. — *Programme du cercle de la Librairie*, ép. en couleurs.
100. — *Maugis et les Ardennes*, ép. en couleurs.
101. — *Fondations de la Tour Eiffel*, ép. chine en couleurs.
102. — *Parade foraine*, ép. chine en couleurs.
103 à 108. — *Christophe Colomb*, ép. chine en couleurs.
109 à 117. — *Le Saint-Pleur*, tirage ordinaire en couleurs.
118. — *Un mystère au* XVe *siècle*, aquarelle originale.
119. — — — ép. définitive.
120, 121. — *Roses de Noël*, divers états.
122. — *Duel Mérovingien* (VIe siècle), ép. en couleurs.
123. — *Chasse au temps de Charlemagne*, esquisse.
124. — — — — original (appartenant à M. Gillot).
125. — *Chasse au temps de Charlemagne*, ép. définitive.
126. — *Soumission de Witikind*, ép. en couleurs.
127. — *Entrée de Jeanne d'Arc à Orléans*, aquarelle originale.
128. — — — — épreuve.
129. — *François Ier armé chevalier par Bayard*, ép. en couleur.

130. *Siège de Paris par Henri IV*, ép. en couleurs.
131. — *Nuit du 4 août*, ép. en couleur.
132. — *Bombardement de Sébastopol*, ép. en couleurs.
133. — *Tapis orientaux* (ép. chromotypographiques).
134 à 138. — *Tapis orientaux* (ép. chromo-typo. des presses de M. de Malherbe).

139 140. — *Tapis orientaux*, originaux.
141. — *Fuite de Roderic roi d Espagne*, ép. en noir.
142. — *L'ombre de Samuel et la Pythonisse*, ép. en noir.

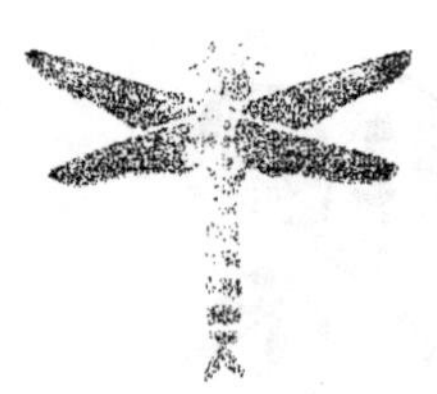

143. — *Les Biens de la Terre*, original en couleurs.
144. — — — ép. en couleurs.
145. — *Les Condottiere*, ép. en couleurs.
146 à 148. — *Scènes Japonaises*, ép. en noir.
149. — *Sérénade de printemps*, original en noir.
150. — — — ép. en couleurs.
151. — *Fête du Bœuf Apis*, ép. en noir.
152. — *Duel de Bayard*, XVIe siècle, ép. en noir.
153. — *Bataille de Granson*, photographie de l'original.
154. — *Chevet de Notre-Dame*, ép. en couleurs.
155. — *Vue de la cité*, aquarelle originale.
156. — — — ép. chine en couleurs.
157. — *Le Fantôme*, ép. —
158. — *Objet d'Orient*, aquarelle originale.
159. — *Cahiers d'enseignement*, originaux et épreuves.
160. — — — ap. à M. Baschet.

COUVERTURES :

161. — *La Dame verte*, aquarelle originale (app. à M. de Malherbe.
162. — *Les Quatre fils Aymon*, couverture en couleurs.
163. — *Maison orientale*, projet original.
164. — — — (ép. chromo-typo. des presses d M. de Malherbe).
165. — *L'Illustration* (cuisine des Anges), projet original.
166. — — — — ép. en couleurs.
167. — *Nativité aux Lys*, projet original.
168, 169. — *Nativité aux Lys*, ép. en divers états.
170. — *Dix contes* (J. Lemaître), projet original.
171. — *La grande Dame*, projet original.
172, 173. — *La grande Dame*, ép. en divers états.
174. — *Ronde d'Anges*, projet original.
175. — *Romans* (Mme Monnyer), projet original.
176. — — — — —
177. — *Le travail récompensé*, projet original.
178. — *Saint-Nicolas*, projet original.
179. — *Actions de Grâce*, projet original.
180. — — — ép. en couleurs.

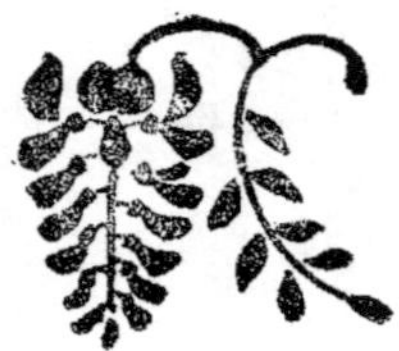

181. — *Tour Eiffel*, projet original.
182. — *Guide du sud de la France*, aquarelle originale (app. à M. de Malherbe).
183. — *Guide sud de la France*, ép. en couleurs.
184. — *Guide Joanne*, ép. en couleurs.
185. — *Cadeaux de Noël*, ép. en couleurs.
186. — *Cartes à jouer*, —
187. — *Le Mage*, ép. en couleurs.
188. — *Cléopâtre*, —
189. — *La vie américaine*, ép. en couleurs.
190. — *Musique Galoetti*, —
191. — *Esclarmonde*, ép. en couleurs.
192, 193 et 194. — *Enchantement*, ép. en couleurs.
195. — *English Art*, ép. en noir.
196. — *L'âge du Romantisme*, ép. en noir.
196 bis. — Couverture pour l'album « Le Costume féminin », (app. à M. Aine).

LAVE ÉMAILLÉE

199. — *Harmonie*, aquarelle originale (app. à M. Félix Gaudin).

LITHOGRAPHIE

16.. — *Harpiste irlandaise*, lithographie originale.
198, 200. — *Têtes d'étude*.

MEUBLES

EXÉCUTÉS :

201, 202. — *Etagères en chêne* (ap. à M. Gillot).
203. — *Tabouret de piano* (ap. à M. Gillot).

ÉTUDES ET PROJETS D'EXÉCUTION :

204. — *Croquis de lit.*
205. — *Etagère.*
206. — *Casier.*
207. — *Plans d'un casier étagère avec armoire.*
208. — *Cheminée d'angle en bois.*
209. — *Armoire suspendue.*
210. — *Tabouret de piano.*

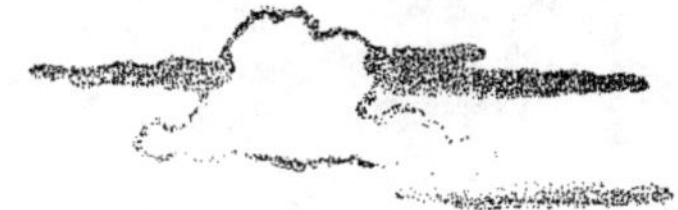

211. — *Projets de chaises.*

212. — *Console.*

213. — *Etudes et croquis pour une cheminée* (app. à M. Gillot).

214. — *Table de travail.*

215. — *Casier à livres.*

216. — *Bibliothèque.*

217. — *Diverses tables de nuit.*

218. — *Études pour un lit.*

219. — *Études pour un buffet* (app. à M. Gillot).

220. — *Croquis de cheminée.*

221. — *Plans d'étagère.*

221 *a.* — *Intérieur d'atelier*, d'après nature.

221 *b. c. d.* — *Vues des ateliers Baudry*, ép. en noir.

MOSAÏQUE

222, 223. — *Panneaux pour l'église de Briare, phot.*

224, 225, — — — — exécutés (app. à MM. Bapterosses.

ORNEMENTS TYPOGRAPHIQUES

227. — *Marque* (pour M. G. de Malherbe).

228. — — (pour M. Félix Gaudin), original.

229. — *Vignette* (les attributs du peintre-verrier), original, ap. à M. Gaudin.

230. — *Frontispice pour l'Union syndicale des architectes français*, original.

230. — *Ornements typographiques, style* XVe *siècle*, ép. en noir

231. — — — pour les « Fêtes Chrétiennes », ép. en noir.

232. — 25 *Lettres ornées pour un ouvrage sur les peintres anglais*, ép. en noir.

233. — *Lettres ornées*, originaux (app. à M. Baschet).

234. — *En-têtes de chapitres*, originaux (app. à M. Baschet).

235. — — — (— .)

AQUARELLES ET PEINTURES

236. — *Le Nuage*, peinture.

237. — *Pauvre Quartier*, peinture.

238. — *La Seine à l'Institut*, —

239. — *Jardin du Luxembourg*, —

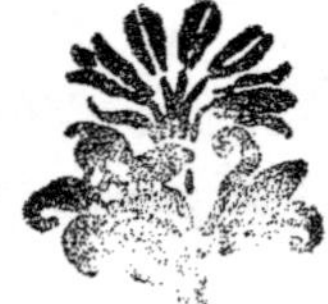

240. — *La Forêt enchantée*, aquarelle (ap. à M. Gillot).
241. — *Vue des Pyrénées*, aquarelle.
242. — *Le Château du Silence*, aquarelle.
243. — *La Maison Usher*, aquarelle.
244. — *La Seine au Trocadéro*, aquarelle (ap. à M. Victor Petigrand).
245. — *La Muse druidique*, aquarelle (ap. à M. Octave Uzanne.)
246. — *Une Ville des Croisés*, aquarelle. — —
247. — *Ahoura Mazda.*
248. — *Aide offerte à Majorien.*
249. — *Jardinage*, aquarelle originale (ap. à M. de Malherbe).
249 *bis*. *La Vitrioleuse*, (pour l'Estampe originale).

SERRURERIE ET FERS FORGÉS

OBJETS EXÉCUTÉS :

250. — *Garniture de cheminée* (chenets, pelle, pincettes) (ap. à M. Gillot).

EN DESSINS ET CROQUIS :

251, 252. *Divers croquis de chandeliers.*
253, 254, 255. — *Croquis de lanternes.*
256. — — *chenets.*
257. — *Idées pour pincettes.*
258. — *Études pour une suspension.*
259. — *Plans et détails d'un lustre en fer forgé* (ap. à M. Gillot, qui l'a fait exécuter.
260. — *Dessin complet d'un chandelier en fer forgé.*

VITRAUX (PROJETS, AQUARELLES, CARTONS, ETC.) :

EXÉCUTÉS :

266. — *Fragment d'un vitrail pour le Concours Jeanne d'Arc* (Cathédrale d'Orléans) (ap. au Musée des Arts décoratifs).
267. — « *Engagée* » (ap. à M. Gaudin).
268. — *La Musique* —
269. — *Pavots.* —

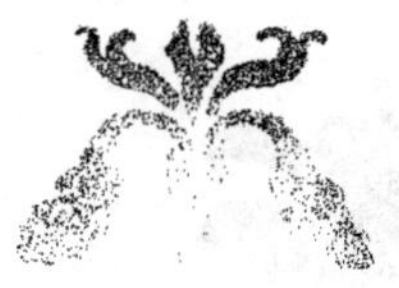

PROJETS DE VITRAUX (*prêtés par M. Gaudin*) :

AQUARELLES :

270 à 279. — *Les Verrières de Jeanne d'Arc pour la Cathédrale d'Orléans*, aquarelles au 10e d'exécution.

280. — Vitraux du chœur, église de Merville.

281. — Vitraux style du xve siècle, église de Saint-Lô.

282. — Jeanne d'Arc et saint Michel (pour l'hôtel de M. Mignon, à Paris.

283. — Tige de Jessé. Vitrail dans le style du xve siècle, pour l'église de Vic-le-Comte.

284. — Vitraux pour le transsept, église de Merville.

285. — Vitraux pour l'église de Houston (Texas). Évangélistes.

286. — Le Rosaire, église de Saint-Amable, à Riom.

287. — Ensemble de vitraux pour l'église de Seloncourt.

288. — Projet pour vitraux légendaires, église de Caudry.

289 — Vitraux pour l'église de Houston (Texas). Christ et Vierge.

290. — Vitraux pour l'église Saint-Pierre de Chaillot, à Paris.

291. — Avant-projet pour l'église de M...

292. — Projet pour une chapelle des morts dans l'église de M...

293. — Vitraux pour cabinet de travail, à l'archevêché de B...

294. — Projet pour façade de salle de fêtes.

295. — Le scapulaire, projet.

296 — L'Annonciation, église de Houston.

297. — Soleils. (Maison de M. R. M. à Paris.)

298. — Projet pour M. le comte C.

299. — Le sacre de Charles VII, d'après le carton présenté au concours pour les vitraux de Jeanne d'Arc à Orléans. Photographie.

CARTONS DE VITRAUX

300. — Détails des personnages de la tige de Jessé, de Vic-le-Comte (voir 283).

301. — — —

302. — — —

303. — — —

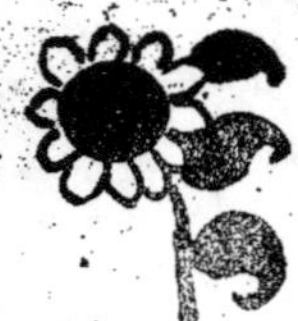

304. — Jeanne d'Arc
305. — Saint-Michel } (voir n° 282).

306. — Sainte Madeleine
307. — Saint François
308. — Sainte Anne
309. — Saint Michel
310. — Saint Joseph } voir n° 281.

311. — Apparition de Paray le Monial
312. — Saint-François recevant les stigmates } voir n° 284.

313. — Mort de Saint Joseph.
314. — Le Rosaire (voir n° 286).
315. — Engagée (app. à M. Grasset).

VITRINE (dans la)

316, à 366. — Feuilles volantes des Quatre fils Aymon, ép. en couleurs, vélin et chine.

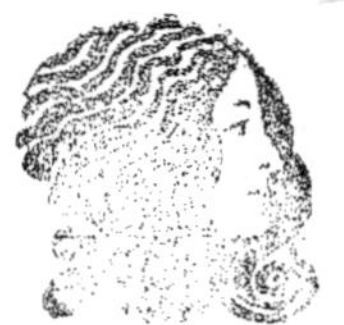

Paris. — Typographie A. Davy, 52, rue de Madame.

102

www.ingramcontent.com/pod-product-compliance
Lightning Source LLC
LaVergne TN
LVHW052021160826
845678LV00003B/1149

* 9 7 8 2 3 2 9 6 4 5 8 2 7 *